마음이 머무는 순간

마음이 머무는 순간

한 기 룡 두 번째 시집

Prologue

시인대학 4기 수료 후 박종규 교수님의 지도로 2022년 8월에 첫 시집 『우연인가 필연인가』를 출간했을 때 옥동자를 낳은 듯 매우 행복하여 가족, 친척과 친지들에게 자랑스런 마음으로 드리고, 멀리 사시는 분들에게는 즐거운 마음으로 우편발송 하였던 때가 생각납니다.

그 후 《대지문학/大知文學》 계간지에 계절마다 시 3편씩 게재하고, 2년이 지나니 24편, 10기 시쓰기과정을 통해서 95편, 모두 합하여 120편이 되었습니다. 이에 두 번째 시집을 내게 되어 그간 등단 시인으로 꾸준한 활동을 하고 있으므로 이제 인생 3모작의 생활에 안착했다는 생각에 나름의 자긍심을 느끼고 있습니다.

믿음 생활 가운데 전도할 수 있도록 믿음의 거룩한 시편들을 완성할 수 있게 선하게 인도하신 하나님의 사랑에 감사와 영광을 돌립니다.

대지문학회가 발간하는 계간 《대지문학》의 글 마당을 통해 동인 시인들이 꾸준히 시와 수필 쓰기 활동을 할 수 있도록 격려하시고 도와주신 발행인 배건해 회장님의 관심과 지원, 박종규 회장님의 가히 없는 지도와 편달과 함께 편집위원님들 사랑과 정성 어린 노고에 깊은 감사의 마음을 전합니다.

이제 두 번째 시집을 출간하게 됨을 기쁘게 생각하여 그간 알게 모르게 격려와 사랑을 베풀어 주신 모든 이에게 감사 말씀드립니다.

2024년 8월
시인 雲庭 한 기 룡

CONTENT

Prologue/ 4

제1부 **나목과의 대화**/ 13

애기풀/ 15
밤의 벚꽃/ 16
벚꽃 둥치와 가로등/ 18
아침 숲속의 새소리/ 20
아침 바람/ 22
남아 있는 잎새/ 24
나목과의 대화/ 26
라일락의 인사/ 28
빨간 선인장꽃/ 29
비 온 뒤에/ 30
꽃과 새의 데이트/ 32
아름다운 아침아/ 34
산책로에서 At the walking lane/ 36

제2부 **봄을 느낀다**/ 41

봄을 느낀다/ 43
봄의 소리/ 44
봄은 어디서 오는가/ 46
봄의 발견/ 47
봄바람의 유혹/ 48
봄으로의 초대/ 49
4월이 가면/ 50
5월이 오면/ 51
장미축제에 부쳐/ 52
나는 여름이 좋다/ 54
익어 가는 가을에/ 56
늦가을 바람에 부쳐/ 58
나는 가을이 싫다/ 60
겨울이 오는 소리/ 62
겨울 3총사/ 64

제3부 한강은 흐른다/ 67

괴골산/ 69
11월의 남산자락에서/ 70
노천극장을 바라보며/ 72
다시 찾은 캠퍼스/ 74
춘천 문학 나들이/ 75
검단산은 부른다/ 78
한강은 흐른다/ 80
김포공항/ 82
안개 낀 조망대에서/ 84
소풍 가는 마음/ 87
어느 병원 정원에서/ 88
여의도의 변천/ 90
수학여행/ 92
치악산 명성수양관/ 94
여의도 생태공원에서/ 96
몽골의 꿈/ 98
예단포에서/ 100
마음이 머무는 순간/ 102
아담한 공원에서/ 104

제4부 **빛바랜 사진의 추억**/ 105

똥자리/ 107
맨발 걷기/ 108
화장실/ 110
나의 바나나/ 111
자두 사랑/ 112
전복 껍데기/ 114
도토리 유감/ 115
비빔밥 요리/ 116
양푼 냄비/ 117
소리의 빛깔/ 118
뻥튀기/ 120
죽방 멸치의 변신/ 122
빛바랜 사진의 추억/ 124
모시 저고리/ 126
생선 가시의 운명/ 127
도토리같이/ 128

제5부 **자화상의 완성**/ 129

짝사랑이란/ 131
어머니의 마지막/ 132
다시 불러보는 어머니/ 134
가족사진/ 136
보릿고개/ 138
셋방살이/ 140
片雲을 기리며/ 142
나의 소중한 것/ 144
순이의 그리운 기다림/ 146
한 주간의 행복/ 148
쉼표/ 150
나의 자녀 셋/ 152
슬픈 이별/ 154
자화상의 완성/ 155
보이지 않는 마음/ 156
솔이가 만든 종이 팽이/ 158
작은 거인/ 160

제6부 네 이웃은 누구인가 / 161

종점 옆 교회 / 163
제자의 발 / 164
무지개 언약 / 166
지도자의 탄생을 위한 기도 / 168
도라지꽃 / 171
어리석은 부자 / 172
사랑의 진화 / 174
나의 아버지 / 176
돌아온 탕자를 생각하며 / 178
네 이웃은 누구인가 / 180
하늘의 찬가 / 182
약속의 의미 / 183
부부의 연 / 184
이팝나무의 소망 / 185
하나님과 대면한 자 / 186
대설산 푸르름 / 188

Epilogue / 190

제1부 나목과의 대화

애기풀
밤의 벚꽃
벚꽃 둥치와 가로등
아침 숲속의 새소리
아침 바람
남아 있는 잎새
나목과의 대화
라일락의 인사
빨간 선인장꽃
비 온 뒤에
꽃과 새의 데이트
아름다운 아침아
산책로에서 At the walking lane

애기풀

볕 들지 않는
풀숲에 얌전히
숨어있는 너

자세히
보지 않으면
눈에 띄지 않는 너

그래서 너 사랑스럽다

밤의 벚꽃

어두워진 밤에 보는
너의 자태가
아름답다 못해
과히 고혹적이다

검은 하늘에
흰 드레스를 걸친
신부의 청순함이
느껴진다

느닷없이 내리는
빗줄기로 밤 화장하다
떨어진 너의 분신들이
신부의 가는 길에
살포시 내려앉아
앞날의 행복을 빌고
있는 듯하다

아 밤에 보는 너의
순결하고 참한 모습에
오늘 밤은 뿌듯해진다

벚꽃 둥치와 가로등

오래된 벚나무 옆에
가로등 세웠다

무성한 나뭇가지와 잎새
불빛을 가린다고 삼분의 이가
능지처참당했다.

아래 몸뚱이만 남은
나무는 가련하다
살고자 하는 마음에
가지 돋아나고
그 끝에 꽃봉오리 세운다

때가 이르니
나도 나의 길을 가기 위해
끝내 꽃을 피운다

아침 숲속의 새소리

꼭대기가 삼각형 모양을 한
쭉 뻗은 메타세쿼이아 나무 옆 지나간다

어디선가 들려오는 새들의 노래
돌림 송 같이 한 쪽에서 울면
다른 한 쪽에서 화답 한다

이른 아침에 새소리
즐겁다 새 날에
생명의 존귀함을 느낀다

진소로 끝에 다다르니
까악 까악 하는 까치의
목쉰 소리가 까마귀 같다
고운 소리의 행복을 깨뜨린다

아! 싱그러운 녹색의 숲속에서
그들만의 교향악 연주 될 때
나는 어느새 청중이 된다

아침 바람

숲속의 새소리가
잠든 나를 깨운다

기지개 켜고
창문을 살며시 여니
숲속 어디선가
시원하고 사랑스런
바람이 머뭇거리며
들어오기를 청하네

바람 맛을 보기 위해
창문을 여니 고맙다고
신선한 숨결로
텁텁한 코를
졸린 눈가를
멍멍한 귓가를 스쳐 가네

내 침대와
시계와 독서등과 책들과
시집이 있는 방을 맴돌다
살그머니 어디론가 가버리네

남아 있는 잎새

소한 지나고
대한 오고 있는데
동장군 군복의 단추가 풀어져 있네

봄이 오는 소리 같다
하릴없이 비는 왜 오고
또 눈은 왜 내리는지
차가움이 내 손까지 저며 오네

숲속의 나무들
온갖 풍상에도 끄떡없이
땅속에 다리 굳게 내리고 오롯이 서있구나

아!
한편의 나무들 위에는 이미
떨어졌어야 할 누런 잎새들이
엄마 품에서 떨어지기
싫어 보채는 아이 같이
아직 애처롭게 달려있구나

그 끈질긴 고집에 혀가 차진다
이 한겨울에도 남아 있는
그 누런 잎새들을 보며

나목과의 대화

추운 날 아침
하늘을 향해
벌고 벗은 나무가

말없이 서 있고
어디선가
비둘기 여덟 마리
벌거벗어 앙상한
나뭇가지 위로 사뿐히
날아와 앉는다

그리곤 나무에게 말한다
너는 옷이 없어 많이 춥겠구나
나무는 잔뜩 웅크리고
봄맞이한다고 답한다

땅속뿌리들은 물기
모으느라 끙끙거린다
줄기 가운데는 모은 물
위로 옮기는 소리
스몰스몰 나는 듯하다

추운 겨울 속에도
벗은 나무늘은
알게 모르게 봄맞이
준비하고 있구나

라일락의 인사

향기 없는 벚꽃은 사랑을
한껏 받은 채 바람에
흩날리며 떨어진다

이제 봄의 향연은 끝났나 했는데
바람결에 어디선가 귀부인의 체취가
은근히 느껴진다

뒤돌아보니
그녀가 방긋 웃으며
"저 여기 있어요"
흰 장갑 낀 손을 내민다

꽃은 벚꽃만 있는 게 아니구나
그녀와 사랑에 빠지게 된다

빨간 선인장꽃

다른 선인장 달리
가시도 없는 것이
베란다의 추위를 견디며
뜨거운 정열의 빨간 꽃을 선사 하네

물도 주지 않았고 보살핌도 없는데
사랑합니다 감사합니다
팻말만 꽂혀 있는데
사랑하는 마음으로
감사하는 마음으로

온 힘을 다하여
따뜻한 마음으로
빨갛게 피어 보답하니

나도 고맙고
사랑한다고
말해주고 싶다

비 온 뒤에

바싹 말라져 가는
목마른 나무와 풀
흙의 소리 없는
아우성 들린다

이슬비에서 가랑비로
주룩주룩 하늘에서 내리는 비, 비, 비
반가운 손님 오신다고
하늘 아래 만물이
양팔 들고 영접하네

녹색의 단풍나무 잎의 꼿꼿함
어울리지 않는 은행나무의 풍성함
아카시아 잎과 꽃술의 수줍음
비스듬히 누워있는 맥문동의 게으름

맑은 빗물 사랑 되어
온몸 적시니
숫처녀의 얼굴처럼
파릇파릇 윤기가 돈다

대지의 흙도 뒤질세라
하늘을 향해 고마운 미소로
하트를 날린다

아~ 하
모두 흡족하고 반가운
비 온 뒤의 행복함이란…

꽃과 새의 데이트

벚꽃에 직박구리가 날아든다
하얀 웨딩드레스를 입은
화사한 신부에게 흑기사처럼
조심스레 다가간다

앉자마자 흔들리는 가지에서
기우뚱거리며 포근한 꽃술에
머리 파묻고 연신 가벼운
키스로 사랑 표시한다

멋진 왈츠춤에 흥겨운 신부는
점점 황홀해지며 얼굴 붉힌다
마치 사랑의 몸짓을 기다리는 것처럼

흑기사도 흥에 겨워 노래 부르며
키스 세례를 더 진하게 퍼붓는다

내 사랑아
나와 함께 사랑하자
영원히 오랫동안

아름다운 아침아

어제 하루 종일 내린 겨울비
진흙땅이 더 질퍽거린다.

아침 하늘 보니 구름 색
회색에서 하얗게 변하며
구름 사이로 하늘 보인다

해님은 비에 젖은 소나무와 떡갈나무를
사랑하듯 서서히 햇살 뽀얗게 보내네

베란다에 만들어 놓은 꽃들도
오늘따라 도드라져 보인다

아! 이 아름다운 아침을 보니
뮤지컬 영화 Oklahoma의
"Oh what a beautiful morning
Oh what a beautiful day."
생각나 한 소절 노래 부르게 하네

흰색 비둘기 한 마리
아름다운 아침을 축하하듯
멋지게 날아오르네

오 아름다운 아침이여!
다시 한번 불러 본다

산책로에서*

저녁 먹고 땅거미가 지는 시각
집을 나선다

숲속에 들어서니
상긋한 나무와 풀냄새가
코끝 간지럽게 한다

한 발자국 걸으면서
블루투스 이어폰 통해
들려오는 솔베이지 송
발걸음 가볍고 여유롭게 한다

어둡기 전 들어온
가로등 불빛
숲속 길 밝혀주는
고마운 등대 같다

저녁 숲은 나의 보금자리
어머니 품같이
아늑하다

이 시간 소소하지만
확실한 행복 아닌가

*본 시 '산책로에서'를 저자가 영어로 번역한 '영시'를 다음 페이지에 올려놓았기에 참고하여 주시기를 바람.

At the walking lane

Went out for a walk after supper
At the time of dusk

Approaching into the forest,
Fresh smells of trees and grass es
Are flirting the brink of my nose.

As the one foot step is forwarding
The sound of Solveige song is
Heard from bluetooth earphone
Has made my foot walk
In easier and more leisurely way.

Forest lamp just before dark
Shedding light on the alley in
The forest seems like a thankful
Lighthouse.

The forest in the evening
Is my another home
Like a mother's warm breast.

This hour is rather ordinarily small
One but allows me with a real
Happiness.

제2부 봄을 느낀다

봄을 느낀다
봄의 소리
봄은 어디서 오는가
봄의 발견
봄바람의 유혹
봄으로의 초대
4월이 가면
5월이 오면
장미축제에 부쳐
나는 여름이 좋다
익어 가는 가을에
늦가을 바람에 부쳐
나는 가을이 싫다
겨울이 오는 소리
겨울 3총사

봄을 느낀다

젊은 총각과 처녀의 심장에서
중년 아저씨와 아주머니의 머리에서
인생을 다 겪어 본 노인들의 시선에서

봄을
느낀다

봄의 소리

여기저기
숲속 나무와 흙길에서
너의 상긋한 냄새 난다

대나무 얇은 잎새에서
소나무 길쭉한 잎새에서
사철나무의 도톰한 잎새에서

푸르른 하늘에선
하얀 구름 모양에서
불어오는 바람 소리에
차가운 바람의 흔들림 속에
너의 소리 나지막이 들린다

진흙 길에서 벌거벗은

발바닥 내딛는 감촉에서

너의 훈기가 전해진다

봄은 어디서 오는가

봄은 하늘에서 온다
봄은 바람에서 온다
봄은 소리에서 온다
봄은 나무에서 온다
봄은 흙에서 온다

봄의 발견

산수유에서
노랑을 본다

매화에서
연분홍을 본다

산골 시냇가에서 뛰노는
송사리를 본다

봄바람의 유혹

봄바람이 불 때
나는 좋데나

하늘거리는 봄바람에
동네 처녀 총각 마음들
싱숭생숭하다

가슴 뜨거워져
서로의 마음 살짝
건드려 본다

봄바람 불 때
나는 좋데나

봄으로의 초대

우리 집에 봄이
찾아왔어요
빨간 봄, 노란 봄,
파란 봄, 흰 봄이
저마다의 자태를
뽐내고 있어요
네 가지의 봄이
거실 정원에서
방긋 웃기도 하고
애교도 부리기도 합니다

기다리다 지친 봄보다
초대하여 오는 봄이
더 기쁘고 좋아요

올해도 어김없이
왔다 가네요
주님이 다시 오심 같이

4월이 가면

4월이 가면
지난날 사랑과
마음을 떠나보내세요

4월이 가면
지난날 만발한 꽃들은
잊어버리세요

4월이 가면
지난날 사랑했던
사람을 떠올려 보세요

4월이 가면
지난날 암울했던
때를 생각해 보세요

5월이 오면

5월이 오면
푸르고 행복한
꿈꿔 보아요

5월이 오면
님의 침묵을
깨트려 보세요

5월이 오면
지난날 아름다웠던
장미정원을 걸어보세요

5월이 오면
장미의 가시에
찔려 보세요

장미축제에 부쳐

비 온 후 청량한 날
너를 만나러 갈 때
가벼운 발걸음
공중을 가른다

빨간 정열의 오롯함
하얀 자태의 순수함
노란 처녀의 포근함

너를 축복하기 위해
말간 비로 씻어내고
태양은 따뜻함으로 단장시켰다

푸른 하늘과 하얀 구름
너를 찬미하는 둘러리
가시가 있어도 겹겹이 접어진
수줍은 아름다움
어제나 이제나 변함없다

아이들의 마음으로 돌아가
기쁨과 만족으로 떠드는
너에 대한 찬사

곁에 있는 호수의 물결들
말없이 출렁이며
우리를 시샘하는 것처럼 보인다.

나는 여름이 좋다

만물이 소생하는 봄도
낙엽이 쌓이는 가을도
눈 내리는 겨울도 좋지만
나는 여름이 제일 좋다

이글거리는 태양의 계절
장마철로 비가 많이 내리고
태풍도 오지만
신록을 지나 농염 진한
푸르름이 곳곳에 있다

산과 숲으로 나가도 좋고
강과 바다로 가도 좋다
누나야 엄마야 강변 살자
노랫소리 들린다

여름의 낭만은 갑자기
쏟아지는 소나기는
황순원의 동명 소설
한 소년 과 소녀의 청순한
사랑의 추억도 불러 낸다

Summer Time 노랫말에도
한가로운 여름날의 정경과
별빛 쏟아지는 여름밤이 있어 좋다

여름은 사랑이 익어가고
탐스러운 과일이 익어가며
우리의 입을 즐겁게 한다

익어 가는 가을에

아침과 저녁의 서늘한 기운
한낮의 더운 열기로
속살은 익어 가고
겉살은 품어가고 있다

계곡의 맑은 물소리
풀꽃 향기에 나비들의 춤사위
벌들은 늦은 사랑의 회전 비행
해맑은 구절초의 단아한 모습
은빛 날개로 흔들거리는 억새풀
가냘픈 여인의 청순미를 자랑하는 코스모스
담장 위로 지붕까지 돌진하는 무모한 호박넝쿨

초봄의 꽃샘추위 견디고
여름철의 장맛비에 보대끼고
병충해의 공격에 시달리며
지나온 인고 속에 영글어 가는 계절

우리에게는 사색의 계절에서
영혼의 익어 가는 모습 보고 싶어
저물어 가는 노을을 바라본다

남은 내 인생
세월 욕심 없이 화평하고
넉넉한 마음으로 살아가는
가을 남자로 남고 싶다

늦가을 바람에 부쳐

노란 은행잎들
서로 다투어 떨어지면서
길가에 노란 카펫 깔고
내 님이 어서 와 밟길 기다리네

담벼락에 붙은 담쟁이들은
나는 더 살 거야 하고
비바람 거세게 불어도
끈질기게 매달려 있네

가로를 지키는 플라타나스
덩치 큰 잎새들은
나 이제 내 할 일 다 했소
하면서 인도 바닥으로 곤두박질
하면서 떨어져 오가는 사람들의
발길에 마구 밟고 치네

그 모습 처량하다 못해 가엾어 보여
큰 놈 하나 집어 들었네

얼마 지나면 늦가을의 기쁨
안겨준 낙엽 잎새들은
내년 봄 아기로 다시 태어나겠지
아 하 이것이 자연의 순리이자
인간의 생로병사의 궤적과 같구나

나는 가을이 싫다

온화한 날씨가
하루 사이에
쌀쌀해진다

나의 몸은 그것을
거부하고 내 마음도
그러하다

모든 열매를 거두며
모든 푸른 잎들이
색색으로 바뀌는
계절이지만
풍성했던 여름철에
비하면 어딘가
쓸쓸함이 속절없이 남아 있다

뜨거웠던 열정이
서서히 식어가는
사랑했던 님과
헤어지는 가을이 싫다.

시들어 가는 꽃처럼
뜨거웠던 응원과 함성
사라진 텅 빈 그라운드처럼
잘려 나간 벼의 둥지처럼
오로지 만든 꽃만이
거짓 아름다움을
보여주는 가을이 싫다

겨울이 오는 소리

오각형의 푸르던 잎새
누런 황금빛 잎새
노란 은행나무 잎새
우수수 떨어져 바닥에 깔리고 깔리며
낙엽 카페트 만들어진다

서릿발이 내리면
가을은 서서히 죽어가고
겨울은 '무궁화꽃이 피었습니다' 하고
우리 곁을 한 발자국씩
조금 조금씩 다가온다

무성했던 잎새 없어진
숲속의 올망졸망한 밤과
아카시아나무들은
벌거벗은 몸 되어
빗자루 거꾸로 세운 모양으로
머리는 지면에 박고
다리는 공중에 서 있다

찬 바람은 떨어져서 불쌍한
낙엽을 이리저리 까부르며
못살게 구는 욕심쟁이 놀부 같구나

저 황량한 모습이 보기에
불쌍한지 첫눈이 나뭇가지와
오솔길에 사뿐히 내려
감싸 안는 듯하다

따뜻했던 내 손은 차가워지고
내 마음은 오그라지는데
누가 나에게 따스한 손으로 잡아 줄까

겨울 오는 소리를 들으며
지난날 다정했던
연인의 숨결에서 나온 온기는
얼었던 나를 녹여 주네

겨울 3총사

북쪽의 심술궂은 찬 바람
비 온 뒤 맹위를 떨치며 모든 나뭇잎을
사정없이 마구 흔들어 줄줄이 떨어지게 한다

올가을 단풍은 빨갛게 물들지 못하고 시들어 버리고
추풍에 겨우 매달려 있는 나뭇가지에서 떼어 놓아
땅 위로 곤두박질하며 떨어지는 불쌍한 잎새들

숲속의 밤나무도, 길가의 플라타나스 나무
큰 잎들도 사정없이 땅바닥 위에 내팽개쳐졌구나!
담벼락에 붙어 있던 담쟁이도 하나둘 떨어져
앙상한 줄기만 처량하게 걸려 있네

비둘기들은 무엇이 그리 좋은지
구구구 하면서 떼 지어 전깃줄에
날아가 못다 한 자기들만의 수다를 떨고 있구나

이제는 벌거숭이 된 나무들 사이에
봄이 오고 여름이 와도, 가을이 오고 겨울이 와도
푸른 단벌 양복을 입고 굳건히 서 있는 소나무들
하늘을 향해 고고한 소리를 내며 서 있다
"내가 최고이지" 하고 말이야

그 옆에 장대처럼 서 있던 대나무도
많지 않은 파란 잎 파리를 달고
"나도" 하고 손을 드는 것 같다

흙냄새를 가까이 맡고 있는
맥문동 처녀들도 싱싱함을 자랑하며
나도 겨울의 삼총사라고 떼 지어 합창하며 끼어든다

맞다 맞아, 저들의 푸르름 있어 황량한 숲
그나마 눈길을 돌리게 만든다

우리 항상 변함없이 푸르게 살자 하고
외치는 것 같다

제3부 한강은 흐른다

괴골산
11월의 남산자락에서
노천극장을 바라보며
다시 찾은 캠퍼스
춘천 문학 나들이
검단산은 부른다
한강은 흐른다
김포공항
안개 낀 조망대에서
소풍 가는 마음
어느 병원 정원에서
여의도의 변천
수학여행
치악산 명성수양관
여의도 생태공원에서
몽골의 꿈
예단포에서
마음이 머무는 순간
아담한 공원에서

*괴골산

가는 눈

중간 눈

굵은 눈썹을 그린다

산의 색도 앞 눈썹은

엷어져 연두색으로

중간은 녹색으로

마지막은 진 녹색으로 칠해졌다

*원주 지정면에 소재하고 있는 산임.

11월의 남산자락에서

일기예보보다 더 좋은 날씨
한양도성을 둘러싼
남산의 허리 길에
청사초롱과 함께
단풍은 부끄러운 듯
얼굴 붉히며 날 좀 보소
손짓을 하는 날

거기 꼭대기에 거만하게
우뚝 서 있는 타워도
오늘만은 인심 좋은 아저씨처럼
우리를 내려다보면서
잘 왔다고 환영한다

연인도 가족도 아닌 우리들
어깨 맞대고 느릿느릿
걸으면서 나를 알리고 너를 듣는다

벤치에 앉아 마시는
쌍화차 차가워진
우리 몸 보듬어 준다

먹을거리도 없는데
몰려온 비둘기 몇 마리
부리를 땅에 대고 고개 운동
귀엽기만 하다

한양도성의 허파 역할 하듯
남산의 공기 신선하다
나무숲과 흘러내리는
작은 실개천 물소리
마음도 시원해진다

지나간 역사의 산증인이듯
오늘도 남산은 묵묵히 우리를
따듯이 받아 주고 있다

노천극장을 바라보며

오른쪽 언덕배기 노천극장 바라보니
지난날 학창 시절로 돌아가게 한다

아늑한 모양을 가진 타원형의 노천극장
소나무가 병풍처럼 둘러싸여 있어
어머니 품에 안긴 것처럼
내 마음도 푸근해진다

연고전 응원 연습할 때 젊음의 독수리
함성 메아리치는 무대이지만
여느 때는 조용하고 잔디가 깔린 자리라
엉덩이가 행복하여 가까운 친구들과
대화하기 안성맞춤이었다

다진 흙과 잔디로 덮힌 자리는 돌로 바뀌었고
돌 위엔 기부자들의 이름 학과명이 새겨져 있다

강의 시간이 없을 때 영시를 읽던 곳
클라스메이트와 당시 시국에 대해 이야기 나누던 곳

36년 전 교회 오케스트라와 함께
학교 관계자와 교인들이 함께
예배도 드렸던 곳이기도 하다

인생의 황금기이던 대학생 시절
추억이 떠오르는 곳
오랫동안 내 마음속에 똬리 튼다.

다시 찾은 캠퍼스

대학 졸업 후 50년 만에 캠퍼스를 가서
은사들과 동창들 재상봉하는 날

오랜만에 백양로를 걸어본다
학생회관 도서관 지나 언더우드 동상 뒤
넝쿨이 전면을 덮은 고색창연한 건물
바로 강의 듣던 곳

숲속의 쉼터인 청송대 지나
총장 공관 광장에서 행사는 시작된다.

이어서 과별로 행진
학생회관 안 식당에 도착
도란도란 앉아 도시락 식사
예전 음대 강당이 바뀐 백주년기념관
후배 음대생 합창과 솔로와 4중창
몇몇 동문의 나의 학교생활
추억담을 이야기한다.

춘천 문학 나들이

10월의 어느 날 맑은 날 예보
아침 되니 어두운 하늘 되어 비까지 뿌린다
소풍 가는 날을 축복하기 위한
상서로운 비 온 후
하늘은 더 파랗고 구름은 더 하얗고
창밖의 길가 나무들은 더 싱싱해 보인다

밀리는 차 안에서 지루함은 자기소개로 던져 버렸다
휴게소는 만추의 풍경 즐기려는 인파 가득 찼고
남자 화장실마저 길게 줄을 서는 진풍경
마치 잔칫집에 모인 들뜬 얼굴 얼굴들

소양강 처녀상 앞에 인증 샷 하기 위해
너도나도 잰걸음 함께 노래 부르며 걷는다
가다 서다 나도 찍고 너도 찍고
우리 모두 함께 네모 속에 넣었다

스카이워크 밑 흐르는 푸른 물감에
마음과 얼굴들은 모두 빠알간 행복 칠해졌고

돌아가는 걸음은 가볍게
나누는 말들엔 즐거움과 다정함이 포개져
도란도란 걷게 한다

아름다운 산하 마음껏 칭찬하는
대한민국지식인의 낭송 목소리 맑은 공기 가르고
우리 마음은 하늘 위로 두둥실 떠나간다

금강산도 식후경 함께
먹고 마시는 자리 축제의 한마당
어여쁜 여인들의 낭랑한
시 읊는 소리 식욕을 도꾼다
맛깔스러운 연뿌리 음식 혀를 춤추게 하고
보약 같은 연잎차가 뱃속을 따뜻하게 어루만진다
그득한 배속을 달래려고 의암호숫가
삼삼오오 걸으면서 멋진 풍광에
노래로 찰칵 소리로 맞장구친다.

호수 물속으로 겁 없이 들어간
투명유리 전망대에 어린아이들처럼
사방팔방으로 누워 자유인임을 외친다

마지막 여정으로 찾은 곳
이야기꾼 김유정 동네
세월의 냄새가
빤질빤질한 초가집 마루에서
은근하게 배어 나온다
유리 아래 놓여있는 이야기책들이
내 이야기를 들어 보세요 하는 듯하다

돌아가는 길에는 움직이는 歌唱의 무대
의자들이 들썩이며 시월의 어느 멋진 하루
즐거운 만추 만끽 소동은 막을 내린다

검단산은 부른다

옛적에 검단선사가 은거하며
도를 닦던 검단산*
한강 변에 있어 배에
싣고 온 물건들을
검사하고 단속하던 곳

가파른 비탈길 올라가노라면
숨이 차며 헐떡거린다
초반부터 이러니 어떻게 꼭대기까지…
입을 악물고 등산화 끈을 다시 조인다

중반이 되니 루프형
산길 되어 호흡이 조용해진다
능선을 타니 억새가 환영하듯
머리를 조아리며 인사한다

꼭대기에 이르니
사방이 확 트인 파노라마 풍경
눈과 마음을 시원하게 해준다

저 멀리 댐에 갇힌
팔당 호수가 얌전하게 일렁이고
두물머리가 저만치서 합류를 자축하듯 반짝거린다

건너편에는 쌍둥이 같은 예봉산
동생 같은 운길산이 반갑다고 웃고 있고
저 멀리에 북한산과 도봉산이
나 여기 있다고 손을 흔들어 보인다

*서울 동쪽 하남시에 있는 657m 높이의 산임.

한강은 흐른다

태백산 기슭 검룡소에서 태어난 한강은
정선, 평창, 단양 양평을 거치며 흐른다

두물머리에 이르면
북한강과 남한강이 반갑게 합류한다
몸집이 두 배로 커지며
팔당호를 거쳐 잠실보에 이른다

강폭이 넓어진 한강은
잠실 나루에서 여의나루까지
유람선을 등에 태우고 관악산과
멀리 남산을 바라보며 달린다

여러 개의 큰 다리 사이로 말없이
유유히 흘러만 간다
중지도를 지나 여의도를 섬으로
만들기 위해 작은 샛강으로 물 울타리를 친다

행주 산성의 함성을 들으며
통일 전망대의 염원을 기도하며
김포 갑곶에 이르러 한숨 돌린다

한강본류는 서해 바다로 빨려 들어가고
임진강 물과 만나 함께 강화도를
어머니의 품으로 포근하게 감싼다

김포공항

14년 만에 만난 공항은
너무나 많이 변했다

자리는 그 자리인데
겉은 그대로인데
속은 많이 달라졌다

바쁘고 복잡한 일상을
잠시 잊겠다고 찾은 공항
그 옛날 대학생 관광 가이드로 만난
그라운드 호스티스의 낭랑한 안내 방송이 생각난다

오직 작은 배낭 내 등에 매달려 있고
마음은 여행의 즐거움으로 가벼워지는
발걸음 하나하나

게이트를 지나 비행기 안으로 인도하는
작은 통로는 자유로움으로 그득하다

입구 안에서 남녀 승무원들의
환하게 미소 짓는 표정에서 으쓱해진다

공항은 설렘으로 가득 차 있다

안개 낀 조망대에서

이른 아침에 조망대* 이르니
내 발걸음 소리에 땅에 있던
참새들 화들짝 놀라 앞으로 도망친다

저 계곡 아래에서
뻐꾹새의 뻐꾹 뻐꾹
노랫소리가 단조롭지만
친근하게 들려 온다

가까이서
이름 모를 새들이
찍찍거리는 소리
나를 환영하는 듯하다

내 발자국 소리도
검고 작은 돌들에
부딪혀 이그적 이그적
소리가 난다

안개가 서서히 걷히면서
작은 오름들의 모습이
차츰 보이기 시작한다

바람도 불지 않아
빗자루 같은 풀포기와
날씬한 몸매를 자랑하는
이름 모를 꽃들도
시달리지 않는다

아! 이 모든 것이
하나님이 지으신
세계임을 새삼 깨닫게 한다

*제주도 신화월드에 있는 조망대

소풍 가는 마음

소풍 간다 하면 늘 설랜다
가는 곳이 어디인지

소풍 간다 하면 늘 푸짐했다
어머니가 만들어준
김밥 한 줄, 삶은 달걀 두 개
사과 한 개에 칠성사이다 한 병이
배낭에 가득 찰 때

소풍 간다 하면 늘 즐거웠다
친한 친구와 도란도란 앉아
김밥을 먹으면서
이야기 할 때다

어느 병원 정원에서

몇 년 전 여름
입원했던 때
환자복을 입고
거닐었던 섬 같은 정원
빨간 노란 흰 장미가 흐드러지게
피었고 줄사츌, 명자나무
계수나무가 한데 어울린
사막의 오아시스 같은 장소

마주 보는 벤치에는
어떤 이는 길게 누워 자고 있고
책을 보는 여인
노부부는 간식을 먹고 있고
음료수 마시며 이야기하는 사람들
푸른 지대에서 여유를 즐기는 모습들

1월의 거기에는
통로는 살 얼음이 군데군데 있고
겨우내 죽지 말라고 장미들은
누런 볏짚에 꽁꽁 묶여있는 작은 병정처럼
차렷 자세로 서 있다

싱싱했던 줄사출은 힘 없이 마지못해 서 있고
멋있는 명자나무도 먼지 끼어 볼품이 없어지고
벽 담쟁이는 메말라 힘겹게
붙어 있고 오직 계수나무와 소나무
만 이 정원을 지키는 바티칸의
스위스 용병처럼 힘차게 서있다

아 계절이 바뀌니 풍성함이
사라지고 쓸쓸함만 남아 있는
아무도 찾지 않는 정원
계절의 쓸쓸함을 안겨 준다

여의도의 변천

넘실대는 한강 너머
마포나루 바라본다
조그마한 샛강을
건너면 영등포로 간다

오래전 말 울음소리와
넓은 초지에 비행기
프로펠러 들리는 듯하다

독수리가 내려다보면
용이 여의주를 품은 듯한
형상인 곳, 섬 아닌 섬이
너섬 여의도란다

넓은 광장일 때 수많은 함성이 들리고
주의 종이 말씀 선포할 때
뜨거운 성령의 세례가 쏟아지던 곳

이제는 표로 승리한 족속들이
패를 갈라 싸움질하는 곳
돈 놓고 돈 먹는 곳
돈 갖고 싶은 것 갖는 곳
전파와 방송 매체가 떠드는 곳
다른 한쪽엔 입고 먹고 잠자는 사람들
어찌 소란 중에 편안히 살아가는지…

이곳에 문학의 꽃, 시가 쓰여지고 씌어져서
소리 내니 마음속에 감동을 이끌어내는 곳
이곳이 여의도 문학의 산실 되어 간다

수학여행

고등학교 3학년 때
서울역에서 기차를 타고
내가 사는 영등포를
통과할 때 가족 생각이 났다

천년의 고도 경주에 이르러
불국사의 석가탑과 다보탑을 보면서
찬란했던 통일 신라의 아름다움을 보았다

석굴암에서 자비하신
부처님의 얼굴에 비친 햇살을 보았다

부산에서는 용두공원
영도의 다리가 오르락내리락하는 것을…

전포동 백화점에서
대학생 누나를 만나 문예반장이라고
소개하며 대화를 나눴고
한동안 펜팔 사랑을 즐겼다

해운대에서는 선생님 몰래
술집과 사창가의 여인네들을 엿보았다
나중에 들켜 단체 기합을 받았다

설레는 마음으로 시작하여
많은 추억을 담고 돌아왔다

수학여행은 10대의 꿈을 실현한
멋진 행사로 죽을 때까지 기억나리라

치악산 명성수양관

새로 조성한 수양관 둘레길
완만하고 굴곡 지게 만든 길
삼삼오오 짝을 져서 천천히 오른다

곧게 뻗은 소나무 대장군 옆
바닥에는 이름 모를 잡풀이
나의 발걸음을 환영하는 듯 하다

내려오는 길에 만난
아기의 노란 똥을 무친 개똥풀도
길가에서 얌전히 서있고

개망초는 돌벽 사이에서 튀어나와
하늘거리며 왔다 갔다 한다
원 이런 '개'자 붙은 풀꽃들이
걸맞지 않게 이쁜지 나도 모르겠다

바람은 살랑살랑 겨드랑이에
숨어 들어와 노니다

작약은 하얗게 빨갛게
웃으며 요염하게 피어있다

5월은 코발트 블루 하늘에
솜사탕을 멋지게 흩어 놓았고
그 모습이 수양관 벽에
자연스레 내려 앉아 있다

여의도 생태공원에서

아스팔트 삭막한 광장에
공원이 남북으로 길게
붙어서 있다

나무와 꽃들이 들어서고
산책로 들어서니 그런대로
공원 모습으로 보인다

남쪽으로 가보니
진짜 숲속이 나타난다
연못이 있고 목책길을
따라 가보니 아늑하다

나무마다 명패가
붙어 있어 인격체로 보인다
"나는 누구입니다"
말하니 더욱 정이 간다

높은 빌딩과 오가는 차들이
보이지 않으니 과연 여의도
아닌 휴양림에 들어온 착각이 든다

오늘도 너섬은 푸르다

몽골의 꿈

푸른 초원은
오늘도 말이 없고
말과 양이 풀을 뜯듯이
하얀 사막은 움직인다

낙타의 포근한 발길처럼
몽골인들 조용히 살고 있다

한때는 의리 있는 덕장
징기스칸의 용맹과 말발굽으로
세상을 호령할 때도 있었다

만주족의 속국으로
슬라브족의 힘으로
해방을 맞은 약소민족

이제는 밤하늘에
쏟아지는 별처럼 밝게
고비사막의 떠오르는 해처럼
희망이 솟아오른다

게르*에서 손님을
정성껏 대접하는
유목민의 착한 심성이
몽고반점의 고리로
한 민족과 손잡고 살아가니 좋다

부하지 않지만
마음씨 좋은
작은삼촌 집에 온 것처럼
푸근함이 어찌 그리 좋은지

*게르: 유목민인 몽골인들의 전통 이동 가옥으로 쉽게 설치하고 해체하는 둥그런 천막집을 말함.

예단포에서

영종도 초입에서
예단포를 만난다

숲으로 덮인 해안 산책길 걷노라면
상쾌한 바람이 콧등을 스친다

급격한 경사로 따라 내려간
자그마한 해변에
오래된 돌무더기 우리를 반기고

보리수 해풍을 맞아
힘있게 자라
포구를 지키고 있다

저 멀리 강화도 바라보니
그 옛날 심마니 기억이
우리 마음을 애잖게 한다

이는지 모르는지
파도는 우리에게
하릴없이 밀려온다.

*본 작품은 대지문학회와 대한민국지식포럼이 공동 주최한 '즉석 자작시 백일장(2024.5.25. 영종도)'에서 최우수상을 수상한 작품임.

마음이 머무는 순간

나지막한 언덕 위에
각양각색의 꽃띠가
파노라마처럼 늘어져 있다

흙 속을 더듬으며 고랑마다
정성스레 심은 자주색 라벤더
붉은 사루비아
노란 메리골드가 한데 어우러져
의장대의 사열처럼
반듯하게 줄지어 길게 누워 있네

꽃 벨트가 눈길을 끌면서
라벤다의 향기가
내 마음에 머무는 순간을 만드네

하늘은 파랗고 흰 구름은
멋대로 모양을 만들고
내 마음은 그 위에서
둥둥 떠다니네

나무들은 로빈 후드처럼
녹색 옷을 입고 아름다운
꽃 공주들을 보호하듯이
당당하게 서 있네

광대한 언덕에 아름다운 꽃
가득한 화원-후라노의 팜 도미타-은 꽃들의 천국
나의 마음은 밝은 대낮에도
꽃향기에 취해 붉은 얼굴로 바뀌네

아담한 공원에서

작은 공원 의자에 앉아있자니
매미의 잔잔한 울음소리가
바람 타고 들리네

한쪽에 있는 빌딩 벽에
붙어 있는 실외기 소리 거슬리지만
푸른 관목에 둘러싸인 벤치에 앉아
잠깐의 휴식을 취해 본다

뜨거운 태양열은
대지 위에 이글거리며
장마 뒤의 높아진 끈적거림
몰아내지 못한다

대꾸하듯
땀으로 살며시 나오니
바람이 지나가며 식혀준다

고마움에 발길을 옮긴다.

제4부 빛바랜 사진의 추억

똥자리
맨발 걷기
화장실
나의 바나나
자두 사랑
전복 껍데기
도토리 유감
비빔밥 요리
양푼 냄비
소리의 빛깔
뻥튀기
죽방 멸치의 변신
빛바랜 사진의 추억
모시 저고리
생선 가시의 운명
도토리같이

똥자리

아기 똥은
종이 기저귀에서 놀고

아이들은
양변기에 걸쳐 앉아 떨어뜨리고

강아지 똥은
종이 패드에서 얌전히 싸고

길고양이 똥은
수풀에서 야옹 하고 누고

까치 똥은
나뭇가지 위에서 갈기고
비둘기는 지붕 위나 동상에서 흘린다

맨발 걷기

공원 한가운데 나지막한 언덕에
작지만 기다란 황톳길이 생겼다

비 온 뒤에 축축해진
진흙 길 오가며
그 위 맨발로 걷다 보니
수많은 맨발 자국 여기저기 남아 있다

진흙 땅바닥이 조심스러워
살살 걷는 사람
땅에 접지하는 시간을
많이 가지려고 양반걸음 하는 사람
걸음 수를 많게 하려고
빨리 걷는 사람
말랑말랑한 진흙 속에 발을 딛고
제자리걸음 하는 사람

저마다 자신들의 건강을 생각하며
원시인의 발이 되는 것을
주저하지 않는다

슬리퍼 벗어 던지며 나의 맨발도
진흙 바닥에 열정적으로 진한 키스를 하면서
땅의 정기를 마음껏 받아들인다

아, 맨발로 걸으면서
하늘과 숲을 쳐다보며
자연과 하나 되는 자유를 누리는
이 기쁨이여!

화장실

절에서는
어려움을 해소하는 解憂所

집에서는
편안하게 해주는 便所

호텔에서는
깔끔한 Toilet, Rest Room

캠핑장에서는
허름한 WC

나의 바나나

힘 안 들이고 앉아
신문 보는 새
핸드폰 문자 볼 때
소리소문없이
맵시 있고 귀여운 바나나가
살며시 내려앉아
둥그런 웅덩이에
귀엽게 모여 있네

그만 보시고
내 고향으로 날 보내주세요

자두 사랑

6월에 만나는 너
너의 자태가 가히
춘향 같구나

참빗으로 곱게
빗은 단정한 머리 모양
진한 눈썹 아래
초롱초롱한 눈망울
가운데 단정히 서 있는 콧잔등

아래위 도톰하고 발그스레한 입술
다소곳이 서 있는 귓불
가녀린 흰 목덜미
아담하게 굽은 양 어깨선
날씬하게 들어간 허리춤 새

입맛을 다시게 하는
신맛과 달콤함이 나오는
껍질 속의 식감이 예사롭지 않네

입안에서 혀와 함께 이리 저리
춤을 추면서 목젓을 부드럽게
감싸는 너를 보니 춘향을 만난
이 몽룡 같은 춘심이 발동 한다

전복 껍데기

전복은 회색빛 겉껍데기
방패로 자기를 보호하고
바위에 붙어 물질하며 산다
여체의 심볼 닮은
몸뚱이는 무지갯빛
영롱한 궁전에 산다

그 껍데기는
생존을 위한 처절한
보호막이다

해녀의 손 갈퀴가
그 껍데기 잡아챌 때까지 평화롭다

도토리 유감

도토리는
다람쥐가 좋아하는 밥이다

여인네들은 도토리묵 만든다고
숲속을 헤집고 다니며
마구마구 줍는다

사람들은 도토리 아니어도
먹을 것이 무척이나 많은데
다람쥐에게는 하나밖에 없는 밥
그 도토리를 가로채는 자연의 범죄인이다

우리는 언제까지 생태계를
파괴하고 교란시키는 탐욕의
존재로 행세할 것인가
물어보고 싶다

비빔밥 요리

모두 모여라
둥그런 그릇에
한 놈 두 놈씩 모여들어
차렷 자세, 하고 있다

밥에 콩나물 느타리버섯 고사리
호박 우엉 위로 후라이된 계란으로 덮고
참기름 떨어뜨리고 참깨 뿌리고 고추장 퍼넣고
숟갈로 사정없이 뒤집고 비벼본다
마치 청룡 열차 타듯이

이리저리 섞인 놈들
몰골이 별로지만 내 입만 바라본다
과히 육해공군 합동 작전 벌이듯
내가 요리사가 되는 날이다

양푼 냄비

둥그런 모양의 얇은 두께의
스텐 색깔의 양푼 냄비

노란 파마 마리를 모양
같이 곱슬곱슬한 라면 발이
그 안에서 위아래로 손을 흔들고
땀을 내면서 춤을 춘다

무뚝뚝하고 투박한
누런 화장을 하다 만 누룽지도
묵묵히 사우나 찜질방에서 견디며
고소한 냄새를 풍긴다

복날 찹쌀을 뱃속에 가득 담은 생닭이
뜨거운 파도에 꿈쩍도 하지 않고 버티다
뽀얀 살을 보인다

소리의 빛깔

사람의 말소리는
하나가 아니에요

강아지 짖는 소리
늘 같지 않아요

참새들의 소리는
늘 바빠요

비둘기 소리는
늘 유유자적해요

까치 소리는
겁먹어 친구들을
다급하게 불러요

땅으로 돌진하는
종달새의 소리
봄을 끌고 와요

물속을 가르는
붕어의 소리는
순한 아이 같아요

연못가의 개구리 소리
초딩 아이들의 떼창 소리
닮아가요

뻥튀기

강냉이는 옥수수다
나올 때 대포 소리 난다

뻥튀기는 쌀이다
넣고 누르기만 하면
피식 소리 내며 나온다

데이트하는 남녀들의
입에 서로 넣어주며
사랑이 익어 간다

장난꾸러기의
시끄러운 입 다물게 만든다

작은 것으로 큰 것 만드니
허풍 많은 이웃집 아저씨
빵 튀기 사람이 아닌가

詩도 때로는
뻥 쳐야 돋보이고
사랑받는다는 아이러니

죽방 멸치의 변신

너는 물길 따라
잘 가다가
어이하다
죽방렴 안에 갇혀
오도 가도, 못하는구나!

사람의 손길로
조심스레 수습되어
널 장에 얌전히 걸려
거친 해풍과 햇볕
사랑받고 날씬한
몸매가 되었네

그전의 은빛 찬란한
모습은 아니지만
비늘과 성한 몸뚱이로
기름기 적고
비린내 나지 않아
천한 그물 출신들과
다른 귀한 대접받으니

가히 멸치의 왕, 아닌가

빛바랜 사진의 추억

그녀가 아느냐고 하면서
녹색 펜으로 써준
어느 시인의 노랫말 시와 같이
이제는 더 이상
보이지도 들리지도 않는구나

그해 봄은
그해 여름은
그해 가을은
너무나 행복했네
그녀의 목소리는
청명하고 따뜻했네

노을 진 보리밭 걸으며 속삭이며 건넨
입맞춤에 그녀는 화들짝 놀라
어둡고 꼬불꼬불한 보리밭 두렁길을
마구 달려가 버렸네

그해 겨울은
뜨거웠던 태양도 식어지며
다시 찾을 수 없는 그녀의 흔적을
빛바랜 사진 속에서
젊은 날 사랑했던
마음의 순간 떠올려 본다

모시 저고리

벽에 한가로이 걸려 있는
한산 모시 저고리

무더운 여름철
시원하게 입으라고
빨아서 풀 먹여
빳빳해진 모시를
곱게 다려주어 내놓으신
어머니의 외아들 사랑 마음

그 마음이 모시 한 올 한 올
알알이 담겨 있다

손이 많이 가고
매우 더울 때만 입는 옷이라
자주 입지 못하지만
저고리를 볼 때마다
어머니의 보이지 않는 사랑의 마음
덕지덕지 묻혀 있다

생선 가시의 운명

날씬한 몸매로 물살을 가르던
튼실했던 살은 어디로 가고
가시만 앙상하게 남았구나

너를 보니 노인이
바다 한 가운데에서 힘들여 잡은
우람한 청새치가 상어의 입놀림으로
대가리와 뼈 가시만
남은 이야기가 생각난다

너의 몰골도
자세히 보니
그렇구나

도토리같이

팽이같이 밑이
뾰족하고 동근 몸채
도토리 보고 팽이를
만든 것 같다

단단하고 속은 알차고
매끈한 모습이 귀엽고
앙징맞아 예쁜 또순이 같다

떡갈나무에서 우수수 떨어지는
모습은 마치 비행기에서 떨어지는
낙하산 병과 같다

동그란 모습대로
우리도 둥글둥글하게 살자

제5부 자화상의 완성

짝사랑이란
어머니의 마지막
다시 불러보는 어머니
가족사진
보릿고개
셋방살이
片雲을 기리며
나의 소중한 것
순이의 그리운 기다림
한 주간의 행복
쉼표
나의 자녀 셋
슬픈 이별
자화상의 완성
보이지 않는 마음
솔이가 만든 종이 팽이
작은 거인

짝사랑이란

느낀다
남모르게 뜨겁게

저민다
남모르게 아프게

피한다
남모르게 부끄러워

애탄다
남모르게 속도 모르고

어머니의 마지막

병상에 누운 어머니
손을 살며시 만져 본다
손등은 거칠고 살은 없고
핏줄만 툭툭 불거져 있다

발을 살펴보니
엄지발가락 굳은살이
튀어나왔고 핏줄은 앙상하다

먹으면 바로 토하니
넓은 위에 암님이 똬리를 틀고 있네

모시 저고리만 보면
눈물이 앞을 가른다
이제 떠나시나 생각하니
어머니의 마음과 손길이 담겨 있으니…

육신은 사라지나
머릿속에는 기억나는
추억마다 파노라마
빠르게 지나간다

다시 불러보는 어머니

아버지 늦으신 나이에
전쟁터에 나간 새
누나 걸리고 나 등에 업고
머리에 보따리 이고
피난길 가셨던 어머니

외아들 아버지와 결혼해
2대 독자 되지 않도록
아들 낳으라고 몇 차례
사산의 고통을 겪으신 어머니

부부 동업하면서도
집안 살림과 자식들
교육까지 챙기셨던
부지런하셨던 어머니

90 지나 말기암에 수술받지 않고
3년 동안 우리 삼 남매와
행복하셨다는 어머니

엄동설한 소한 날에
아버지 따라 같은 날
하늘나라 가실 그 시간에
우리 모두 거기에 없어
불효자들은 마지막 염에
뜨거운 눈물 흘리며 마지막으로
"어머니"
불러보았다

가족사진

56년 전에
우리 가족 빛바랜 사진
아버지 어머니 누님 나
여동생 셋 모두 일곱 명
모두들 진지한 표정

막내 여동생만이
해맑은 웃음기 있는 표정
그 얼굴을 보니
안타까운 마음뿐

사진 찍은 다음 해 1월
추운 겨울에 같이 아침 먹고
나갔다 집에 오니 사고가 났고
집안 전체가 침울했다

여의도 샛강에 썰매 타러 간 아이 중
내 동생과 앞집 또래 남자 아이만
함께 돌아오지 못했다

차가운 강물 속에서
엄마 부르다가 숨졌을 아이 생각하면서
차디찬 동생을 앉고 눈 내린 경사지 강둑을
정신없이 올라섰던 기억에
눈물이나 초점이 흐려진다

사랑하고 아끼는
여동생 지금 살아 있으면
63세가 되었겠지

보릿고개

봄이 되면
산으로 간다
칡뿌리 캐러 간다
소나무잎 씹으러 간다

집 뒷마당 자투리땅에
심어 논 감자와 고구마
가을걷이로 천장에 매달아 논 옥수수
떼어다가 찌그러진
냄비에 사카린 넣어
쪄먹는 계절이 왔다

앞마당의 삽살개도 쥐 사냥한다
설익은 보리밥도
풋고추 넣어 보글보글 끓인
된장국 있으면 보릿고개 최고의 밥상
그때, 그 시절 언제 있었냐는 듯
기억은 가물가물

셋방살이

결혼식 후 허니문 여행
호텔 방은 핑크색 우리만의 방

직장 따라 신혼의 단꿈
이어가기 위해 얻은 전셋집
플라스틱 차양막으로 가린
연탄아궁이 있는 부엌
찬장 하나

셋방살이 불편해도
깨소금 나는 신혼의 삶

첫 지방 살이에 엿새는
저녁부터 아침까지
주말이면 택시 타고
중앙통에 가 영화 보고
단둘이 따로국밥 먹고
쇼윈도 아이 쇼핑

셋방살이 1년 만에
회사가 마지막으로
지은 새 아파트 들어가니
우리 둘만의 콘도

월급 많이 주는 회사에
중동 근무하니 봉급이 더블
알뜰살뜰 모아 재형저축 들고
모자라는 돈은 부모에게 지원받아
새 아파트 분양 받아 사니
아이 셋 있는 우리 가정
새 보금자리에 사니
천국이 따로 없네

셋방살이 경험 짧게 해도
내 집의 고마움을
일깨워 준다

片雲*을 기리며

마음의 조각구름 되어
하늘 떠도는 그곳
어머니 사랑 담아
곱게 지은 片雲齊의 문고리와 방마다
그의 효심이 덕지덕지 묻어 있다

둔탁한 펜 끝에서 흐르는 검은 잉크
흰 공간에 한 자 한 자 천천히 적시면
꿈과 사랑의 삶은 그림으로 형상화하여
그의 시를 사랑하게끔 이끈다

개구리 소리 들리는 청와헌에서
어릴 때 소년의 꿈이 고향에 각인되어
다시 詩碑로 태어났다

문학을 사랑하는 지인들과
벌이는 파티 마당에
여유로운 사색의 파이프
연기가 조각구름 되어
저 하늘로 피어오른다.

캔버스에 앉아 바람결에
흩날리는 머리카락을
어머니의 품처럼
감싸는 베레모가
그를 돋보이게 한다

8개국 언어로 번역되어
소개된 스물다섯 권의 시집들
그를 계관시인(Poet Laureate)의 길로 가게 하였다

아, 누렇게 변한 시집에서
그의 사랑 허무와 고독이
철학이 되어 튀어나온다.

*片雲(편운): 시인 조병화의 아호임.

나의 소중한 것

집사람인가
딸과 아들인가
그리고 첫 외손자인가

아니다
늘그막에 낳은
나의 첫 시집
우연인가 필연인가
나의 소중한 것 중
1순위이다

나는 이 시집을 통해
자연을 찬미하였고
인생을 음미하였고
사물을 관찰하였고
여행지의 느낌을 소개하였고
크리스천으로서 믿음을 고백하였다

젊었을 때부터 좋아하는 愛頌詩를
영한으로 전재하였고
독백시를 영역하였고

시인대학 학장 교수님과 동기생들
이름 석 자로 삼행시도 지어 헌정하였다

내 이름 석 자가 인쇄된 시집 책
과히 가문의 家寶
자녀 손자늘에게 님길
가장 소중한 것이라고
감히 自薦한다

순이의 그리운 기다림

황토벽 초가집에
하얀 저고리에
검정 치마 입은 순이가
양손을 뒤로 하고
기대어 서 있다

머리는 왼쪽으로
살짝 기울어져 있다
발꿈치 옆에는
누런 강아지가
얌전하게 앉아 있다

창호지가 격자 모양의
문 창살을 감싸고 있고
문고리가 달린 문 앞에
붉은색이 감도는 홍매화가 보인다
왼쪽 끝에는 산수유의
노란 꽃 머리가 살며시 보인다

몇 번의 봄이 와도
돌아오지 않는 아버지를 그리워하며
하염없이 기다리는 순이가 불쌍하다고
할머니는 혀를 끌끌 차고 있다

한 주간의 행복

바람은 차가운 듯 따뜻하고
날씨는 늘 개었다
땅은 무르고 지렁이는 꿈틀거린다

개나리가 앞장서
봄 나팔을 앙증맞게 불어 댄다

작지만 한목소리로 합창하니
벚꽃은 어깨를 활짝 펴고
비가 와도 꿋꿋하게
버티는 기개 대단하다

목련화가 뒤질세라
노래하는 자태가 하얗게 아름답다
산수유는 약방의 감초같이
늘 그 자리에 있었다

튤립은 형형색색으로
병사들같이 가지런히 줄지어 서 있고
수선화도 봄 처녀같이
한들거리며 고갯짓하고 있다

날씨와 바람과 꽃들이
낮에도 밤에도 눈빛을 가른다

이 꽃 날의 주인공은 뭐라 해도 벚꽃
휘날림으로 나를 행복하게 만든다

신부와 팔짱 끼고
행진하는 신랑 머리 위로
흩날리는 흰 꽃가루로…

쉼표

쉼이 없다면
휴식도 잠도 없다

쉼이 없다면
호흡도 없다

쉼이 없다면
스트레스 찾아오고
돌머리가 된다

쉼이 없다면
여행도 못 가고
우물 안의 개구리요
쳇바퀴 도는 다람쥐 신세

하나님은

엿새 동안 천지와 만물을 지으시고

칠 일째 安息 주시니

얼마나 좋은가

나의 자녀 셋

아이 셋 가졌다고
야만인 소리 들어도 좋았다
지금은 남 보기에 좋다

한 車에 다섯 명이
타고 다닐 때 좋다

밥 먹을 때는
다소 불편했다

나는야 딸 둘
마지막으로 아들 하나
집사람 2대 독자와 결혼해
마음의 멍에 벗었다

아들보다 딸이 좋은 건지
딸보다 아들이 나은 건지
두고 봐야겠다

슬픈 이별

날 낳으시고 기르시고
공부시키고 가정을 꾸려 주신
부모님 여읠 때
어린 동생 한순간 잃었을 때
깊은 슬픔에 잠긴다

아끼고 사랑했던 단비
어제까지 걷던 아이가
오늘 비실대다 숨이 끊어지는
이별의 순간

어쩔 수 없는 안타까움에
서글픈 전율이 온몸을 감싼다

자화상의 완성

하얀 캔버스에
내 모습을 그려본다

천진난만하고
순진하고 정의로운
불만스러우면서 탐욕스러운
그러면서 질 수 없기에 질투하고
교만하지만
순종하고 섬기면서
배려하고 나누면서
겸손하게 감사하는
마음과 마음이 쌓이고
포개지고 녹고 녹아서
지금 나의 자화상이 되었다

보이지 않는 마음

소개받아 만나
함께 한지 어언 50년

뜨거웠던 사랑의 감정도
다툼의 마음도
화해의 순간도 있었기에
고마움과 미안한 맘이
늘 교차합니다

처음엔 꽃마차를 타고
안락하게 들길을 달렸고
아이들 하나둘 셋을 뒤에 태우고
달리다가 바퀴가 뻑뻑거리면
중간에 사랑의 기름을
치고 계속해 달렸습니다

또 달리다 보면 덜커덩거리지만
쌍두마차는 우리 삶의 종착지 향해
힘차게 나아갑니다.

마음의 무거운 것과
기쁨과 슬픔이 어우러져
우리만의 행복을 만들어가면서
오늘도 달려갑니다

혼자 단기필마가 될 때까지…

솔이가 만든 종이 팽이

나의 외손자 솔이
한때는 자동차 마니아
유치원에 다니니
변신 로봇 마니아로
한 해가 지나니
이제 주중에는 색종이 접기와 태권도 배우고
주말에는 풋살 축구도 하네

오랜만에 와서는
할배에게 선물한다고
고사리손으로
색종이를 꼬깃꼬깃 접어
본체 만들고
모서리 네 곳을 접어
손잡이 바닥을 만들고
마지막으로 손잡이를 완성하여
본체 위에 올려놓았다

"할아버지 돌려보세요."
응접탁자 위에 돌려보니
제법 잘 돌아간다

아이들 자람에 따라
여러 번 취미가 바뀌고
다양한 생각과 행동을 보니
아이들은 무한한 가능성을 가진 존재들이다.

작은 거인

시련은 집념을 낳고
집념은 창의적 생각 펼치게 한다

겉은 작지만 속은 큰 사람
육은 약하지만 정신은 강한 사람

넘어져도 오뚜기처럼 일어서는
얄밉도록 강하지만
감동 많은 그 사람

뱃속에서 나오는 묵직한 우렁찬 목소리는
정신일도 하사불성(情神一到 何事不成) 이룬 그 사람
존경받을 만한 신사, 아닌가

제6부 네 이웃은 누구인가

종점 옆 교회
제자의 발
무지개 언약
지도자의 탄생을 위한 기도
도라지꽃
어리석은 부자
나의 아버지
돌아온 탕자를 생각하며
네 이웃은 누구인가
하늘의 찬가
약속의 의미
부부의 연
이팝나무의 소망
사랑의 진화
하나님과 대면한 자
대설산 푸르름

종점 옆 교회

한적한 변두리에 있는
버스 종점 가려고 해도
더 갈 수 없는 막다른 곳

삶의 어려움으로
밀려난 사람들이 사는 곳
절망은 없지만
주신 목숨 시기기 위해
새벽 별빛에 떠나고
달빛 보니 돌아온다

고단한 삶의 안식과 쉼을 위해
버스 연기 번지는 교회에서라도
주님께 하루를 의탁한다

제자의 발

하나님이
출애굽 할 때 홍해를 가르고
이스라엘 민족을 건너게 하였다

언약궤를 메고 요단강을 건널 때
제사장들의 발들이 강물에 잠기자
요단강물을 멈추어
마른 땅을 건너게 하셨다

예수님의 때에
제자들의 발을 씻어
섬김의 덕을 보여주셨다

제자 들과 진한 마음의
연을 진정으로 원하셨다

소의 엉덩이에 낙인을 찍는 것처럼
그들의 마음에 사랑의 문신을
새겨 넣으셨다

무지개 언약

소낙비 쏟아지다
무지개를 보면
희망과 꿈이 펼쳐질 것만 같습니다

두려움과 공포 속에서 사는 우리에게
주님께서는 약속의 무지개를 두셨습니다
언약의 징표입니다

무지개는
구름이 짙게 깔리면 깔릴수록
더욱 밝게 빛납니다

마찬가지로
우리에게 닥치는 고통이 험난할수록
하나님의 위로는 훨씬 더 크게 역사합니다

무지개처럼 아름다운
하나님의 은혜의 언약으로
모든 두려움을 떨쳐버리게 하소서

하나님은 무지개를 구름 속에 두어
하나님과 세상 간의 언약의 증거로 삼아
영원한 언약을 기억하라고 하셨습니다

말씀의 은혜 속으로
언약의 징표, 무지개를 주심에 감사드립니다

지도자의 탄생을 위한 기도

이스라엘 백성들이 애굽에서 노예 생활을 하던 중
히브리인 남자 아기가 태어나면
"모두 주여 없애라."는 바로 왕의 명령!
받아들일 수밖에 없습니다.

이러한 위기 속에서도 모세의 부모는
깊은 신앙과 용기를 가지고 아들을
석 달 동안 숨겨 키우기까지…

더 이상 그 아이를 숨길 수 없게 되자,
갈대 상자에 담아 나일강에 띄워 버리는
절박한 선택을 하기도 합니다

목욕하던 바로의 딸이
갈대 상자에 담긴 모세를 발견하고 구해냅니다.

하나님의 주권적인 섭리를 보여주는
대표적인 사건임을 믿습니다.

바로의 딸은 모세가
히브리인 아기라는 사실을 알지만,
그의 아름다움에 마음을 빼앗겨
자기 아들로 삼게 됩니다

하나님께서 악을 선으로 변화시키시고,
자신의 계획을 이루기 위해
예상치 못한 방법을 사용하십니다

모세 탄생 사건은
하나님의 놀라운 섭리와
구원의 역사를 보여주는 사건인 줄 믿습니다.

하나님께서
어려운 상황 속에서도
우리를 돌보시고
우리의 삶을 인도하신다는 것을
갈대 상자 속의 갓난아기 모세를 통하여
다시 한번 확인할 수 있습니다

모세는 단순한 아기가 아닌,
아버지께서 세심하게 준비하시고 택하신
특별한 자였음을 저희는 압니다

아버지께서 어떻게 불가능해 보이는
일을 가능하게 하시고,
약한 자를 통해 강력한 일을 이루시는 주님,
저희는 모세의 탄생과 그를 통해 이루신
놀라운 계획에 대해 진심으로 감사드립니다.

모세처럼 아버지의 뜻을 순종하고,
주님의 계획에 따라 살아가는 삶을 살도록 이끄소서!

주님의 놀라운 능력을 믿고
주님의 일을 이루기 위해
사용되기를 간절히 기도합니다.
주님의 이름으로 기도합니다.

도라지꽃

도라지는 뿌리식물로
기침에 좋다 하여
무친 나물로 상에 오른다

화단에 사각형 모양의
연보라색의 꽃 모양이
고상하여 보기 좋아
찾아보니 도라지꽃이란다

도라지나물과 도라지꽃은
전혀 어울리지는 않지만
세상만사 항상 그렇게
조화를 이루고 있는 것을 느낀다

온갖 만물을 잘난 모습에
못난 구석도 있게 하여
모두가 사람에게 필요한
존재로 만드신 하나님의
마음을 헤아려 본다

어리석은 부자

어느 마을에 한 부자가 살았다
그해에도 큰 풍년이 들어
밭에서 많은 수확을 하여
곳간에 쌓을 곳이 없도록 차고 넘쳤다

그 부자는
마음속으로 생각하기를
내 수확을 쌓아둘 곳이 없으니
지금의 곳간을 헐고
더 크게 지은 새 곳간에 쌓아 두었다.

그리고 자기에게 이렇게 말한다
"자 이제 평안하게 쉬고 먹고 마시고 즐기자
여러 해 동안 먹을거리를 많이 쌓아두었으니
오랫동안 먹고 마시고 인생을 즐기자."

그런 부자에게 하나님께서 말씀하신다
"어리석은 사람아,
오늘 밤, 네 영혼을 찾아간다면
네 곳간에 쌓아둔 것들이 누구의 것이 되겠느냐?"

註: 하나님에 대해 부요하지 못한 자가 어리석은 부자와 같다는 의미라는 것을 가르치고 있음(눅 12:16~21).

사랑의 진화

태어나서 어릴 때는
부모 형제자매간
스트로게的 사랑으로 자라나고

커서는
친구들 간 필리아的
사랑과 우정으로 익어 가며

결혼해서는 부부간
에로스的 사랑으로 사랑스런
자녀 낳고

믿음을 가진 후에는
아가페的 사랑으로
주님을 사랑하고
이웃을 사랑하게 되었습니다

나의 아버지

아버지는 기미년
3·1독립운동 만세 동이
건국 대통령과 동향인 황해도 평산군 태생
농부 외아들로 보통학교 출신
해방 후 남으로 내려온 이북 사람
서울 영등포 기린 맥주 기술자

6.25 전쟁 나자 31세 기혼자로
육군에 자진 입대 통신병으로 전쟁터 누비다가
중상 입고 명예 제대한 참전용사

휴전 이후 시작한 30년 사업 접고
전국 명산 순례 후유증으로
말년에 무릎 관절과 척추 수술로
건강 쇠약 및 악화

2004년 1월 소한 날 저녁에 잠자리에서 소천
고향 그리워 북녘땅 보이는 통일전망대 부근
이북 5도민 공원묘지 안장

생전에 일할 때는 석전경우(石田耕牛)처럼
놀 때는, 마냥 흥겹게
법 없이도 사는 미남 신사인데
2대 독자인 아들 앞에서 엄격했고
뒤에서는 친지들에게 마냥 자랑하신다는
아버지가 그립다

아들의 권면에 주님 영접하시고 아들 손잡고
침례를 받으신 후 믿음의 아버지가 되셨다

천국에서 상면하기를 소망해 봅니다

돌아온 탕자를 생각하며

흑암과 사망의 그늘에 앉으며,
쇠사슬에 매인 것 같을 때
영혼의 갈급함을 느낄 때
나는 고난과 시련의 원인을 무엇에서 찾을까요?

탕자 아버지를 떠올려 봅니다
탕자가 재산을 나누어 달라고 할 때
거절할 수도 있었고,
집을 떠나겠다고 할 때
하인을 시켜 떠나지 못하도록 가둘 수도 있었습니다

아버지는 허랑방탕한 꿈을 꾸고 있는 아들
그를 먼 나라로 떠나도록 허락하였습니다
철없는 아들은 모든 것을 잃어버린 후에야
자기가 당연하게 누리고 있었던 모든 것들이
아버지의 사랑이었음을 깨닫게 된 것입니다.
오늘도 마찬가지입니다.

하나님은 우리의 마음을 낮추시고
고통받게 하시지 않고는
우리의 어두운 마음이
당신께로 돌아서지 않을 것을 아시기에
사랑으로 징계하십니다.

그 사랑의 회초리 앞에서
하나님께 원망하며 소리치시겠습니까?
탕자처럼 집을 떠나보려 하십니까?

우리가 내디딜 가장 지혜로운 걸음은
다시 아버지를 바라보는 것입니다.

하나님,
저희가 저희의 뜻대로 가게 아니하시고
무한하신 지혜로 늘 돌보아 주셔서 감사드립니다.

네 이웃은 누구인가

내가 배고플 때
당신은 내 배고픔을 주제로 토론을 벌였습니다

내가 헐벗었을 때
내 벗은 모습의 도덕성에 대해 논쟁을 벌였고요

내가 병들었을 때
당신은 무릎을 꿇고
당신이 건강한 것을 하나님께 감사드렸습니다.

내가 집 없이 떠돌아다닐 때
당신은 내게 하나님의 사랑의 은신처에 관한
설교해 주었습니다.

나를 집으로 데려다주지는 않았고요,
내가 외로울 때
당신은 나를 위해 기도하려고 나를 홀로 있게 했고
나는 여전히 춥고 배고프고 외롭고 고통스럽습니다.

사마리아인은 희생자를 긍휼히 여겼습니다.
희생자의 상처를 기름과 포도주로 소독하고 싸맨 뒤
자기 짐승에 태워서 여관으로 데려가 돌보았습니다.
모든 비용을 지불했습니다.
누가 강도 만난 자의 이웃입니까

자비를 베푼 자
이웃 사랑을 실천한 사람입니다.
예수님은 말씀하셨어요.
"가서 너도 이와같이 하라"결론을 내리셨습니다.

"자녀들아 우리가 말과 혀로만 사랑하지 말고 오직 행함과 진실함으로 하자(요일 3:18)."
"사람의 행위가 여호와를 기쁘시게 하면 그 사람의 원수라도 그와 더불어 화목하게 하시느니라(잠 16:7)."

하늘의 찬가

저 하늘 파랗고
큰 뭉게구름
엄마 품에 안긴 젖살 오른
귀여운 아이처럼 보이네

그 가장자리
오후 햇살 비친
성스러운 구름 되어
나를 내려다보는 듯하다

감탄에 겨워 쳐다보니
주님이 승천하실 때
그 모습 아닌가
상상해 본다

약속의 의미

자녀들과의 약속
아내와의 약속
나 자신과의 약속

하나님과의 약속

살아 있는 동안
결코 저버릴 수 없다

부부의 연

맞선 여러 번 보다
맺어진 부부의 연 맺었다

신혼의 달콤함에 취하다 깨어보니
안 맞는 구석이 여기저기 보인다

토끼 같던 아내
아이 둘 낳자 고양이로
아들 보자 호랑이로 변하여
이따금 발톱까지 세운다

부부 싸움 칼로 물 베기
티격태격 싸우다
살다 보니 구둣발이 편해진다

사탄의 유혹은
믿음으로 물리치고
둥글둥글 살아가련다

이팝나무의 소망

앞 공원 숲속에
똑같은 활엽수인가 했다

立夏 되니
하얀 눈꽃이
"나 여기 있소 이팝이오."
손짓하네

자세히 보니
흰 쌀밥이
살포시 매달려 있다

보릿고개 농부의 주린 배
소망을 채우는 고마운 나무 아닌가
어릴 때 배고픔이 소리 난다

믿음은 보이는 것의 실상이다

하나님과 대면한 자

떨기나무 아래에서 만난 하나님 명령으로
아홉 가지 재앙과 장자 죽이기와
이스라엘 민족을 유월(逾越/Passover)로 구한 모세

바로 왕의 어쩔 수 없는 허락
광야로 가는 수많은 무리에게
구름 기둥으로 시원하게 하시고
밤엔 불기둥으로 밝히시네

약속을 깬 바로의 추격
하나님의 가호 아래 모세의 지팡이
넘실대는 홍해 바다
가르는 기적 만들었네

뒤쫓던 애굽의 병거와 마병들
바닷물이 삼켜버렸네

하나님께서 보여주신 사랑과 큰 능력
사람들은 하나님을 경외하고
믿고 모세를 신뢰하니
이 얼마나 좋은 일인가

대설산 푸르름

겨울이면 밤마다
엄청난 눈이 소리없이 내려
아침에 보면 큰 눈이 쌓여 대설산(大雪山)*

공기는 말할 수 없이 신선하고
태양은 오전 4시부터 떠오르니
북해도의 여름 3개월은 짧으나
하루는 길다

자연의 움직이는 소품이 되어 본다
한쪽 산꼭대기는 구름의 저고리를 입고 있고
한쪽 봉우리에는 일본도 같은 장검이 꽂혀있다

계곡 사이로 흐르는 물소리가
우렁차고 힘차게 소용돌이
치며 내려간다

가히 하나님이 지으신 아름다운
세계임을 또다시 실감하며
산을 내려온다

한쪽 풀밭에는 꽃사슴이
한가로이 풀을 뜯고 있어
마치 무릉도원의 한 장면을
보는 듯하네

꼭두새벽 산책길은
새로움과 신선함의
축복을 안겨주니
내 마음과 몸은
하나님을 기뻐하는
다윗왕의 춤사위를 닮아가네

*대설산(大雪山)/ 일본 북해도 국립공원 온천지대에 있는 산 중의 하나임.

Epilogue

우리 시인대학과 대지문학회뿐만 아니라 우리나라의 많은 문학회에서 실버세대의 약진과 활약이 많습니다. 과거의 여러 종류의 인생 경험과 시간적 물질적 여유 등으로 인해 시나 수필에 도전하여 많은 시집이나 수필집으로 출간되고 있습니다.

시는 결코 난해하거니 언어의 연금술을 통해 수려한 표현을 하기보다는 독자들이 이해하기 쉽고 공감이 되는 시들이 되어야 한다고 생각합니다. 책꽂이에 꽂혀 있거나 뒷방에 던져지는 시집보다는 전철, 기차와 비행기 등에서 가볍게 들고 읽을 수 있는 것이 바람직하다고 봅니다. 아직도 많이 부족하지만, 독자들이 시를 더 많이 사랑하게 할 수 있도록 최선의 노력을 다해 갈 작정입니다.

본 시집은 독자들의 편의를 위해서 작가가 느끼는 생각과 감정을 담은 시집의 내용을 총 6부로 구성하였습니다.

전체 6부로 나누었는데, 그 기준을 다음과 같이
1부는 하나님이 창조하신 '자연'에 대한 시들을,
2부는 봄 여름 가을 겨울의 '사계절'에 대한 시들,
3부는 시인 자신이 직접 '방문 여행지'에 대한 시를,
4부는 주위에서 볼 수 있는 '사물'에 대한 시를,
5부는 사람과 사람 사이의 '삶'에 대한 시를,
6부는 시인 자신이 믿는 '믿음'에 대한 시를
모았습니다.

시간 날 때마다 읽어 주시고 의견 주시면 공유하겠습니다. 감사합니다.

**2024년 한여름 어느 날
시인 雲庭 한 기 룡**

마음이 머무는 순간

초판 인쇄	2024년 08월 06일
초판 발행	2024년 08월 09일
지은이	한 기 룡
발 행 처	다담출판기획 TEL : 02)701-0680
	서울시 영등포구 영신로30길 14, 2층
편 집 인	박 종 규
등 록 일	2021년 9월 17일
등록번호	제2021-000156호
ISBN	979-11-93838-22-8 03800
가 격	16,000원

본 책은 지은이의 지적재산이므로 무단전재와 복제를 금합니다.